AF555469

EN VENTE Chez A. **BAGUET**, Éditeur, à SÈVRES, *Grande-Rue*, 168.

N° 11

Verbes pronominaux.

CAHIER DE CONJUGAISONS

DÉPOT LÉGAL
Seine & Oise
N° 47
11 50

D'APRÈS LA MÉTHODE SIMPLIFIÉE

Du Barême des Verbes Français

Par M. VERLAC

A l'usage des Classes Primaires

Cahier appartenant à ________________________________

CAHIER N° 1. — *Verbes Irréguliers.*
Id. 2. — Id.
Id. 3. — *Verbes Composés.*
Id. 4. — Id.

CAHIER N° 5. — *Verbes Composés.*
Id. 6 — Id.
Id. 7. — 1re *Conjugaison.*
Id. 8. — 2me Id.

CAHIER N° 9. — 3me *Conjugaison.*
Id. 10. — 4me Id
Id. 11. — *Verbes Pronominaux.*
Id. 12. — *Passe-partout blanc.*

PARIS, Chez DUPUIS, *Rue Beaurepaire*, 24, et dans toutes les librairies classiques.

X
5506

MODÈLES.	ORDRE DES CONJUGAISONS.	RADICAL.	INDICATIF. Présent. SINGULIER. J'	TU	IL	PLURIEL. NOUS	VOUS	ILS	Imparfait. SINGULIER. J'	TU	IL	PLURIEL. NOUS	VOUS	ILS	Passé défini. SINGULIER. J'	TU	IL	PLURIEL. NOUS	VOUS	ILS	Futur. RADICAL.	SINGULIER. J'	TU	IL	PLURIEL. NOUS	VOUS	ILS
		1re Conj ☞	e	es	e										ai	as	a										
		2e, 3e, 4e ☞	......s	......s	......t	... ons	.... ez	... ent	...ais	....ais	....ait	...ions	....iez	..aient	......s	......s	......t	...mes	.... tes	... rent	Termin. ☞	...rai	..ras	...ra	..rons	... rez	..ro
Absoudre.	4	abso	u	u	u	lv	lv	lv	lv	lv	lv	lv	lv	lv	......	......	......	......	......	......	absoud...	» »	» »	» »	» »	» »	» »
Aimer.	1	aim	» »	» »	» »	» »	» »	» »	» »	» »	» »	» »	» »	» »	» »	» »	» »	â	â	è	aime......	» »	» »	» »	» »	» »	» »
Attendre.	4	atten......	d	d	*d*]	d	d	d	d	d	d	d	d	d	di	di	di	dî	dî	di	attend....	» »	» »	» »	» »	» »	» »
Aplanir.	2	aplan.....	i	i	i	iss	iss	iss	iss	iss	iss	iss	iss	iss	i	i	i	î	î	i	aplani....	» »	» »	» »	» »	» »	» »
Apercevoir.	3	aper	çoi	çoi	çoi	cev	cev	çoiv	cev	cev	cev	cev	cev	cev	çu	çu	çu	çû	çû	çu	apercev ..	» »	» »	» »	» »	» »	» »
Pleuvoir.	3	pl	......	......	eu	......	......	......	......	......	euv	......	......	......	......	......	u	......	......	......	pleuv.....	....	....	» »	.....	.....	...

Instruction qu'il faut lire.

Ce système repose sur la séparation du *radical absolu* de la *terminaison pure*, placée sous les pronoms. C'est entre ces deux points extrêmes que l'élève doit écrire, dans chaque colonne, la *modification* qui vient compléter la personne du verbe. — S'il n'y a pas de *modification* (*voy*. Aimer), l'élève l'indiquera par deux »» ; — Si le verbe est *défectif* ou *unipersonnel* (*voy*. Absoudre et Pleuvoir), il marquera avec des points les temps ou les personnes qui manquent; — Si le verbe ne fait pas sa *terminaison* sur celle placée en tête (*voy*. Attendre), il l'ajoutera dans la colonne, *soulignée* et fermée d'un] pour indiquer que le mot est complet. — C'est ainsi qu'en décomposant le verbe, il touchera du doigt la difficulté, d'autant plus ostensible qu'elle sera isolée. — A la fin de chaque cahier se trouvent des feuillets blancs, sur lesquels l'élève pourra s'exercer à former lui-même les radicaux des verbes qui ne se trouvent pas dans son cahier; il pourra aussi y refaire les verbes qu'il aurait mal faits, en observant toutefois la distinction des feuillets où figure le (J') pour les verbes commençant par une voyelle. — Il est bien entendu que l'élève doit toujours lire mentalement les pronoms et la personne du verbe, même lorsqu'il est régulier. — Les *temps composés* se trouvent groupés et simplifiés à la fin de chaque cahier; il suffira, pour les connaître, d'y ajouter le participe des verbes que l'on aura conjugués. — Lorsque le verbe prend l'auxiliaire *être*, ajoutez le participe dans la colonne ménagée à ce sujet.

Nota. — La propriété de ce système étant acquise à l'auteur depuis plusieurs années par la publication du *Barème des verbes français*, on poursuivra, selon la rigueur des lois, tout contrefacteur ou imitateur de ces Cahiers. — Chacun d'eux est revêtu de la signature ci-contre

1859

ODÈLES.	ORDRE DES CONJUGAISONS.	INDICATIF.																									
		Présent.							Imparfait.						Passé défini.						Futur.						
		RADICAL.	SINGULIER.			PLURIEL.			SINGULIER.			PLURIEL.			SINGULIER.			PLURIEL.			RADICAL.	SINGULIER.			PLURIEL.		
			JE M'	TU T'	IL S'	NOUS NOUS	VOUS VOUS	ILS S'	JE M'	TU T'	IL S'	NOUS NOUS	VOUS VOUS	ILS S'	JE M'	TU T'	IL S'	NOUS NOUS	VOUS VOUS	ILS S'		JE M'	TU T'	IL S'	NOUS NOUS	VOUS VOUS	ILS S'
		1re Conj. ☞	e	es	e										ai	as	a										
		2e, 3e, 4e ☞	......s	.....s	.....t	... ons	.... ez	... ont	....ais	....ais	....ait	...ions	....iez	..aient	......s	......s	......t	...mes	....tes	.. rent	Termin. ☞	...rai	..ras	...ra	..rons	...rez	..ront
bsenter.	1	absent....																			absente...						
bstenir.	2	abst......																			abstiend..						
sseoir.	3	ass...																			assié......						
battre.	4	éba.......																			ébatt......						
bahir.	2	ébah......																			ébahi.....						
baudir.	2	ébaud																			ébaudi....						
crier.	1	écri																			écrie......						
mbusquer.	1	embusqu.																			embusque						

CONDITIONNEL.						IMPÉRATIF.				SUBJONCTIF.												INFINITIF.			PARTICIPES		
Présent.						Présent ou Futur.				Présent ou Futur.						Imparfait.							Prés.	Pass.	Prés.	Passé.	
SINGULIER.			PLURIEL.			RADICAL.	SING.	PLURIEL.		SINGULIER.			PLURIEL.			SINGULIER.			PLURIEL.			RADICAL.				MASC.	FÉM
JE M'	TU T'	IL S'	NOUS NOUS	VOUS VOUS	ILS S'		-TOI	-NOUS	-VOUS	QUE JE M'	QUE TU T'	QU' IL S'	QUE NOUS NOUS	QUE VOUS VOUS	QU' ILS S'	QUE JE M'	QUE TU T'	QU' IL S'	QUE NOUS NOUS	QUE VOUS VOUS	QU' ILS S'		S'	S'ÊTRE	S'		
.rais	.rais	.rait	.rions	..riez	raient	1re Conj. ☞ 2e, 3e, 4e ☞	e... s...	ons.	ez..	.....e	....es	.....e	...ions	....iez	...ent	....sse	...sses	.....t	.ssions	..ssiez	..ssent	Termin. ☞	.......er	.....é	...ant	.....é	...
						absent....																absent....					
						abst... ...																absten.. .					
						ass.........																ass........					
						ébat......																ébatt.....					
						ébah.....																ébah.....					
						ébaud....																ébaud....					
						écri......																écri..... .					
						embusqu.																embusqu.					

MODÈLES.	ORDRE DES CONJUGAISONS.	INDICATIF.																									
		Présent.							Imparfait.						Passé défini.						Futur.						
		RADICAL.	SINGULIER.			PLURIEL.			SINGULIER.			PLURIEL.			SINGULIER.			PLURIEL.			RADICAL.	SINGULIER.			PLURIEL.		
			JE M'	TU T'	IL S'	NOUS NOUS	VOUS VOUS	ILS S'	JE M'	TU T'	IL S'	NOUS NOUS	VOUS VOUS	ILS S'	JE M'	TU T'	IL S'	NOUS NOUS	VOUS VOUS	ILS S'		JE M'	TU T'	IL S'	NOUS NOUS	VOUS VOUS	ILS S'
		1re Conj. ☞ 2e, 3e, 4e ☞	e ……s	es ……s	e ……t	…ons	….ez	…ent	…ais	….ais	….ait	…ions	….iez	..aient	ai ……s	as ……s	a ……t	…mes	….tes	..rent	Termin. ☞	…rai	..ras	…ra	..rons	…rez	..ront
Emparer.	1	empar….																			empare…						
Empresser.	1	empress..																			empresse.						
Encanailler.	1	encanaill.																			encanaille						
Enfuir.	2	enfu……																			enfui……						
Ensuivre.	4	ensui…..																			ensuiv….						
Entremettre.	4	entrem…																			entremett						
Envoler.	1	envol…..																			envole …						
Éprendre.	4	épr…….																			éprend…						

CONDITIONNEL.						IMPÉRATIF.				SUBJONCTIF.												INFINITIF.			PARTICIPES.		
Présent.						Présent ou Futur.				Présent ou Futur.						Imparfait.							Prés.	Pass.	Prés.	Passé.	
SINGULIER.			PLURIEL.				SING.	PLURIEL.		SINGULIER.			PLURIEL.			SINGULIER.			PLURIEL.							MASC.	FÉM.
JE M'	TU T'	IL S'	NOUS NOUS	VOUS VOUS	ILS S'	RADICAL.	-TOI	-NOUS	-VOUS	QUE JE M'	QUE TU T'	QU' IL S'	QUE NOUS NOUS	QUE VOUS VOUS	QU' ILS S'	QUE JE M'	QUE TU T'	QU' IL S'	QUE NOUS NOUS	QUE VOUS VOUS	QU' ILS S'	RADICAL.	S'	S'ÊTRE	S'		
.rais	.rais	.rait	.rions	..riez	raient	1re Conj. ☞ 2e, 3e, 4e ☞	e... s...	ons.	ez..	.....e	....es	.....e	...ions	....iez	...ent	....sse	...sses	......t	.ssions	..ssiez	..ssent	Termin ☞	.......er	.....é	...ant	.....é	....é
						empar....																empar....					
						empress..																empress..					
						encanaill.																encanaill.					
						enfu																enfu					
						ensuiv....																ensuiv. ..					
						entrem...																entrem ..					
						envol.. ..																envol					
						épr........																épr........					

MODÈLES.	ORDRE DES CONJUGAISONS.	INDICATIF.																									
		Présent.							Imparfait.						Passé défini.						Futur.						
		RADICAL.	SINGULIER.			PLURIEL.			SINGULIER.			PLURIEL.			SINGULIER.			PLURIEL.			RADICAL.	SINGULIER.			PLURIEL.		
			JE M'	TU T'	IL S'	NOUS NOUS	VOUS VOUS	ILS S'	JE M'	TU T'	IL S'	NOUS NOUS	VOUS VOUS	ILS S'	JE M'	TU T'	IL S'	NOUS NOUS	VOUS VOUS	ILS S'		JE M'	TU T'	IL S'	NOUS NOUS	VOUS VOUS	ILS '
		1re Conj. ☞	e	es	e										ai	as	a										
		2e, 3e, 4e ☞	......s	.....s	.....t	...ons	.... ez	... ent	...ais	....ais	....ait	...ions	....iez	..aient	.....s	......s	......t	...mes	....tes	... rent	Termin. ☞	...rai	..ras	...ra	..rons	... rez	..ront
'Étioler.	1	étiol																			étiole.....						
'Évader.	1	évad......																			évade....						
s'Expatrier.	1	expatri ...																			expatrie..						
s'Extasier.	1	extasi.....																			extasie ...						
s'Immiscer.	1	immis....																			immisce..						
s'Infiltrer.	1	infiltr....																			infiltre....						
s'Ingérer.	1	ing...																			ingère....						
s'Enquérir.	2	enqu																			enquer ...						

CONDITIONNEL.						IMPÉRATIF.				SUBJONCTIF.												INFINITIF.			PARTICIPES.		
Présent.						Présent ou Futur.				Présent ou Futur.						Imparfait.							Prés.	Pass.	Prés.	Passé.	
SINGULIER.			PLURIEL.			RADICAL.	SING.	PLURIEL.		SINGULIER.			PLURIEL.			SINGULIER.			PLURIEL.			RADICA'.	S'	S'ÊTRE	S'	MASC.	FÉM.
JE M'	TU T'	IL S'	NOUS NOUS	VOUS VOUS	ILS S'		-TOI	-NOUS	-VOUS	QUE JE M'	QUE TU T'	QU' IL S'	QUE NOUS NOUS	QUE VOUS VOUS	QU' ILS S'	QUE JE M'	QUE TU T'	QU' IL S'	QUE NOUS NOUS	QUE VOUS VOUS	QU' ILS S'						
.rais	.rais	.rait	.rions	..riez	raient	1re Conj. ☞ 2e, 3e, 4e ☞	e... s...	ons.	ez..	.....e	....es	.....e	...ions	....iez	...ent	....sse	...sses	......t	.ssions	..ssiez	..ssent	Termin ☞	.......er	.....é	...ant	.....é	....ée
					étiol																	étiol					
					évad.																	évad.....					
					expatri ...																	expatri. .					
					extasi.....																	extasi.....					
					immis																	immis					
					infiltr.....																	infiltr.....					
					ing..... ..																	ingér					
					enqu......																	enqu... ..					

MODÈLES.	ORDRE DES CONJUGAISONS.	INDICATIF.																									
		Présent.							Imparfait.						Passé défini.						Futur.						
		RADICAL.	SINGULIER.			PLURIEL.			SINGULIER.			PLURIEL.			SINGULIER.			PLURIEL.			RADICAL.	SINGULIER.			PLURIEL.		
			JE M'	TU T'	IL S'	NOUS NOUS	VOUS VOUS	ILS S'	JE M'	TU T'	IL S'	NOUS NOUS	VOUS VOUS	ILS S'	JE M'	TU T'	IL S'	NOUS NOUS	VOUS VOUS	ILS S'		JE M'	TU T'	IL S'	NOUS NOUS	VOUS VOUS	ILS S'
		1re Conj. ☞	e	es	e										ai	as	a										
		2e, 3e, 4e ☞	......s	......s	......t	...ons	....ez	...ent	....ais	....ais	....ait	...ions	....iez	..aient	......s	......s	......t	...mes	....tes	...rent	Termin. ☞	...rai	..ras	...ra	..rons	...rez	..ront

CONDITIONNEL.						IMPÉRATIF.				SUBJONCTIF.												INFINITIF.			PARTICIPES		
Présent.						Présent ou Futur.				Présent ou Futur.						Imparfait.							Prés.	Pass.	Prés.	Passé.	
SINGULIER.			PLURIEL.			RADICAL.	SING.	PLURIEL.		SINGULIER.			PLURIEL.			SINGULIER.			PLURIEL.			RADICAL.		S'ÊTRE		MASC.	FÉ
JE M'	TU T'	IL S'	NOUS NOUS	VOUS VOUS	ILS S'		-TOI	-NOUS	-VOUS	QUE JE M'	QUE TU T'	QU' IL S'	QUE NOUS NOUS	QUE VOUS VOUS	QU' ILS S'	QUE JE M'	QUE TU T'	QU' IL S'	QUE NOUS NOUS	QUE VOUS VOUS	QU' ILS S'		S'		S'		
.rais	.rais	.rait	.rions	..riez	raient	1re Conj. ☞ 2e, 3e, 4e ☞	e... s...	ons.	ez..	.....e	....es	.....e	...ions	....iez	...ent	....sse	...sses	......t	.ssions	..ssiez	..ssent	Termin. ☞	.......er	.....é	...ant	.....é	....

ODÈLES.	ORDRE DES CONJUGAISONS.	INDICATIF.																									
		Présent.							Imparfait.						Passé défini.						Futur.						
		RADICAL.	SINGULIER.			PLURIEL.			SINGULIER.			PLURIEL.			SINGULIER.			PLURIEL.			RADICAL.	SINGULIER.			PLURIEL.		
			JE M'	TU T'	IL S'	NOUS NOUS	VOUS VOUS	ILS S'	JE M'	TU T'	IL S'	NOUS NOUS	VOUS VOUS	ILS S'	JE M'	TU T'	IL S'	NOUS NOUS	VOUS VOUS	ILS S'		JE M'	TU T'	IL S'	NOUS NOUS	VOUS VOUS	ILS S'
		1re Conj. ☞	e	es	e										ai	as	a										
		2e, 3e, 4e ☞	......s	.....s	.....t	...ons	.... ez	... ent	....ais	....ais	....ait	...ions	....iez	..aient	......s	......s	......t	...mes	....tes	... rent	Termin. ☞	...rai	..ras	...ra	..rons	...rez	..ront

CONDITIONNEL.						IMPÉRATIF.				SUBJONCTIF.												INFINITIF.			PARTICIPES		
Présent.						Présent ou Futur.				Présent ou Futur.						Imparfait.							Prés.	Pass.	Prés.	Passé.	
SINGULIER.			PLURIEL.				SING.	PLURIEL.		SINGULIER.			PLURIEL.			SINGULIER.			PLURIEL.							MASC.	FÉ
JE N'	TU T'	IL S'	NOUS NOUS	VOUS VOUS	ILS S'	RADICAL.	-TOI	-NOUS	-VOUS	QUE JE N'	QUE TU T'	QU' IL S'	QUE NOUS NOUS	QUE VOUS VOUS	QU' ILS S'	QUE JE N'	QUE TU T'	QU' IL S'	QUE NOUS NOUS	QUE VOUS VOUS	QU' ILS S'	RADICAL.	S'	S'ÊTRE	S'		
.rais	.rais	.rait	.rions	..riez	raient	1re Conj. ☞ 2e, 3e, 4e ☞	e... s...	ons.	ez..	.....e	....es	.....e	...ions	....iez	...ent	....sse	...sses	......t	.ssions	..ssiez	..ssent	Termin. ☞	.......er	.....é	...ant	.....é	...

MODÈLES.	ORDRE DES CONJUGAISONS.	INDICATIF.																									
		Présent.							Imparfait.						Passé défini.						Futur.						
		RADICAL.	SINGULIER.			PLURIEL.			SINGULIER.			PLURIEL.			SINGULIER.			PLURIEL.			RADICAL.	SINGULIER.			PLURIEL.		
			JE ME	TU TE	IL SE	NOUS NOUS	VOUS VOUS	ILS SE	JE ME	TU TE	IL SE	NOUS NOUS	VOUS VOUS	ILS SE	JE ME	TU TE	IL SE	NOUS NOUS	VOUS VOUS	ILS SE		JE ME	TU TE	IL SE	NOUS NOUS	VOUS VOUS	ILS SE
		1re Conj. ☞	e	es	e										ai	as	a										
		2e, 3e, 4e ☞	......s	.....s	..... t	... ons	.... ez	... ent	...ais	....ais	....ait	...ions	....iez	..aient	......s	......s	......t	...mes	.... tes	.. rent	Termin. ☞	...rai	..ras	...ra	..rons	...rez	..ront

CONDITIONNEL.						IMPÉRATIF.				SUBJONCTIF.												INFINITIF.			PARTICIPE		
Présent.						Présent ou Futur.				Présent ou Futur.						Imparfait.							Prés.	Pass.	Prés.	Passe	
SINGULIER.			PLURIEL.				SING.	PLURIEL.		SINGULIER.			PLURIEL.			SINGULIER.			PLURIEL.							MASC.	F
JE ME	TU TE	IL SE	NOUS NOUS	VOUS VOUS	ILS SE	RADICAL.	-TOI	-NOUS	-VOUS	QUE JE ME	QUE TU TE	QU' IL SE	QUE NOUS NOUS	QUE VOUS VOUS	QU' ILS SE	QUE JE ME	QUE TU TE	QU' IL SE	QUE NOUS NOUS	QUE VOUS VOUS	QU' ILS SE	RADICAL.	SE	S'ÊTRE	SE		
.rais	.rais	.rait	.rions	..riez	raient	1re Conj. ☞ 2e, 3e, 4e ☞	e... s...	ons.	ez..	.....e	....es	.....e	...ions	....iez	..ent	....sse	...sses	.....t	.ssions	..ssiez	..ssent	Termin. ☞	......er	.....é	...ant	.....é	..

MODÈLES.	ORDRE DES CONJUGAISONS.	INDICATIF.																									
		Présent.							Imparfait.						Passé défini.						Futur.						
		RADICAL.	SINGULIER.			PLURIEL.			SINGULIER.			PLURIEL.			SINGULIER.			PLURIEL.			RADICAL.	SINGULIER.			PLURIEL.		
			JE ME	TU TE	IL SE	NOUS NOUS	VOUS VOUS	ILS SE	JE ME	TU TE	IL SE	NOUS NOUS	VOUS VOUS	ILS SE	JE ME	TU TE	IL SE	NOUS NOUS	VOUS VOUS	ILS SE		JE ME	TU TE	IL SE	NOUS NOUS	VOUS VOUS	ILS SE
		1re Conj. ☞	e	es	e										ai	as	a										
		2e, 3e, 4e ☞	......s	......s	..... t	... ons	.... ez	... ent	....ais	....ais	....ait	...ions	....iez	..aient	......s	......s	......t	...mes	....tes	... rent	Termin. ☞	...rai	..ras	...ra	..rons	...rez	..ront

CONDITIONNEL.						IMPÉRATIF.				SUBJONCTIF.												INFINITIF.			PARTICIP		
Présent.						Présent ou Futur.				Présent ou Futur.						Imparfait.							Prés.	Pass.	Prés.	Pass	
SINGULIER.			PLURIEL.				SING.	PLURIEL.		SINGULIER.			PLURIEL.			SINGULIER.			PLURIEL.							MASC.	
JE ME	TU TE	IL SE	NOUS NOUS	VOUS VOUS	ILS SE	RADICAL.	-TOI	-NOUS	-VOUS	QUE JE ME	QUE TU TE	QU' IL SE	QUE NOUS NOUS	QUE VOUS VOUS	QU' ILS SE	QUE JE ME	QUE TU TE	QU' IL SE	QUE NOUS NOUS	QUE VOUS VOUS	QU' ILS SE	RADICAL.	SE	S'ÊTRE	SE		
.rais	.rais	.rait	. rions	.. riez	raient	1re Conj. ☞ 2e, 3e, 4e ☞	e... s...	ons.	ez..	.....e	....es	.....e	...ions	....iez	...ent	....sse	...sses	......t	.ssions	..ssiez	..ssent	Termin. ☞	.......er	.....é	...ant	.....é	.

TEMPS COMPOSÉS.

es temps composés ne sont autre chose que le participe passé ajouté aux temps des verbes *avoir* et *être;* néanmoins, comme ils font partie de la conjugaison, en voici le tableau complet : L'élève pourra s'y exercer en y ajoutant le participe de quelques-uns des verbes contenus dans son cahier.

INDICATIF.								CONDITIONNEL.				SUBJONCTIF.				PRÉPOSITIONS que régit le verbe A L'INFINITIF.
PASSÉ INDÉFINI.		PASSÉ ANTÉRIEUR.		PLUS QUE PARFAIT.		FUTUR ANTÉRIEUR.		PASSÉ.		*On dit aussi:*		PASSÉ.		PLUS QUE PARFAIT.		
ngulier.	*Pluriel.*	*Singulier.*	*Pluriel.*	*Singulier.*	*Pluriel.*	*Singulier.*	*Pluriel.*	*Singulier.*	*Pluriel*	*Singulier.*	*Pluriel.*	*Singulier.*	*Pluriel.*	*Singulier.*	*Pluriel.*	
me suis, t'es, s'est	n. n. sommes, v. v. êtes, ils se sont	je me fus, tu te fus, il se fut	n. n. fûmes v. v. fûtes, ils se furent	je m'étais, tu t'étais, il s'était	n. n. étions, v. v. étiez, ils s'étaient	je me serai, tu te seras, il se sera	n. n. serons, v. v. serez, ils se seront	je me serais, tu te serais, il se serait	n. n. serions, v. v. seriez, ils se seraient	je me fusse, tu te fusses, il se fût	n. n. fussions, v. v. fussiez, ils se fussent	q. je me sois, q. tu te sois qu'il se soit	q. n. n. soyons, q. v. v. soyez, qu'ils se soient	q. je me fusse, q. tu te fusses, qu'il se fût	q. n. n. fussions q. v. v. fussiez, qu' se fussent	

Sèvres, Imp. L. Lefèvre et Comp.

AVANTAGES QUE PRÉSENTE L'EMPLOI DE CES CAHIERS.

1° L'élève, trouvant la nomenclature toute faite des verbes irréguliers, les confondra moins souvent avec les verbes réguliers, et sera tenu de les conjuguer tous pour employer ses cahiers;

2° Le *radical absolu* lui étant donné, et la *terminaison pure* toujours placée sous le pronom, auquel elle demeure inhérente, il n'aura plus à s'occuper que du seul point de la difficulté, qui, souvent, ne sera que l'application de la théorie qu'il aura étudiée;

3° Les *terminaisons* lui seront bientôt familières, par la nécessité où il se trouvera de les aller vérifier constamment sous les pronoms;

4° La possibilité de conjuguer *huit* verbes de front, superposés, sera pour l'élève un moyen synoptique de remarquer les analogies qui peuvent exister entre ces verbes;

5° Les *temps défectifs*, généralement peu connus, ne seront plus passés sous silence, l'élève étant tenu de les indiquer par des points;

6° Au point de vue de l'économie de temps, l'élève conjuguera une page contenant *huit* verbes en moins de temps qu'il n'en mettrait pour en conjuguer *un seul* par les moyens ordinaires;

7° Au point de vue de l'économie de papier, on peut conjuguer *cinquante-six* verbes sur un seul cahier, ce qui, autrement, exigerait *plus d'une main* de papier.

8° Quant aux *temps composés*, l'élève y gagnera tout le temps qu'il y perd ordinairement, sans cesser pour cela de les apprendre, puisqu'il les aura constamment sous les yeux.

On trouve, à la même adresse :

LE BARÊME DES VERBES FRANÇAIS,

Tableau synoptique, au moyen duquel un enfant, sachant lire, peut parfaitement conjuguer tous les verbes réguliers et irréguliers. — 14e édition. 1859. — Prix : 1 fr. 50, et, *franco* par la poste, 2 fr. (*Affranchir.*)

Sè es, Imp. Lefèvre et Comp.

www.ingramcontent.com/pod-product-compliance
Lightning Source LLC
LaVergne TN
LVHW020503230826
846091LV00008BA/3320

9782019662592